Jean-Pierre Courivaud

La véritable h

Guillaume qui voulait être chevalier

bayard jeunesse

Chapitre 1

En route pour Montclare !

Depuis trois jours, Guillaume chevauche en direction du château de Montclare. Son père, le seigneur Édouard Desormeaux, lui a appris, depuis son plus jeune âge, à monter à cheval et à se battre à l'épée. À présent, Guillaume part apprendre le métier d'écuyer.

En chemin, il parle à son cheval :

– Tu entends cela, je vais servir le seigneur Hugues de Montclare. Je m'occuperai de ses armes et de son cheval !

Le garçon se met à rêver : « Un jour je deviendrai chevalier ! » se dit-il. Et il imagine la cérémonie de son adoubement, ses parents fiers de lui et lui-même agenouillé...

Mais, soudain, un sanglier surgit du bois. Guillaume sort de son rêve. Son cheval, effrayé, se cabre. Le garçon est désarçonné. Il tombe à la renverse, heurte brutalement le sol et s'évanouit.

Lorsque Guillaume reprend connaissance, il voit une jeune fille penchée sur lui. D'une voix douce, elle lui dit :

– Bonjour, je m'appelle Marguerite. J'ai soigné ta blessure à la tête.

Guillaume regarde autour de lui. Il est dans une caverne, entouré d'une trentaine d'hommes, de femmes et d'enfants. Il demande :

– Où suis-je ? Qui êtes-vous ?

Marguerite lui explique :

– Nous sommes des paysans. Les deux dernières années de récoltes ont été très mauvaises. Et nous n'avons plus d'argent pour payer notre seigneur protecteur, Hugues de Montclare. Hélas, sire Hugues est impitoyable. Il fait arrêter et enfermer dans les cachots froids et humides de son château tous ceux qui ne le paient pas.

Le père de Marguerite s'approche et ajoute :

– Personne n'en est jamais ressorti. Pour lui échapper, nous avons pensé nous enfuir. Mais le château contrôle le seul pont qui permet de franchir le fleuve. Alors nous nous sommes réfugiés dans cette caverne.

Chapitre 2

Le loup noir

Guillaume essaie de se relever pour partir. Mais il grimace et gémit. Sa blessure lui fait encore mal. Marguerite lui tend une timbale remplie d'une boisson verdâtre.

Guillaume lui demande, méfiant :

– Qu'est-ce que c'est ?

Marguerite le rassure :

– Ma grand-mère m'a appris comment utiliser les plantes pour soulager et guérir. Voilà une fleur de datura. Elle est jolie, mais elle peut provoquer d'horribles visions. Quant à l'angélique, elle apaise les troubles de l'estomac. Celle-ci, la belladone, plonge dans un profond sommeil. Là, je te donne du romarin pour soulager ton mal de tête.

– Et toi, comment t'appelles-tu ? demande le père de Marguerite.

– Mon nom est Guillaume Desormeaux, répond le jeune écuyer sans donner plus de détails.

Il est mal à l'aise. Son père lui a appris qu'un seigneur a le devoir de protéger ses paysans, mais sire Hugues ne semble pas partager ce sens du devoir…

Déjà le remède de Marguerite fait effet.

– Je vous remercie pour votre aide, dit Guillaume aux paysans.

Et il reprend sa route.

Quelques lieues plus loin, Guillaume aperçoit le château de Montclare. De grands étendards claquent au vent, arborant fièrement une tête de loup noir.

Sire Hugues est un homme de grande taille, très impressionnant. Lorsqu'il constate que Guillaume est blessé, il entre dans une terrible colère :

– Ces coquins de paysans rebelles* ont osé attaquer mon écuyer. Palsambleu, c'est un comble !

Guillaume ne le détrompe pas, car il pense : « Il est plus glorieux d'avoir été attaqué que d'être bêtement tombé de cheval. »

* *Être rebelle, c'est refuser d'obéir à un ordre.*

Sire Hugues se radoucit très vite. Il prend Guillaume par les épaules et lui demande :

– Mais alors tu sais où ces rebelles se cachent ? Dis-le-moi, mon garçon !

Guillaume hésite. Son désir de devenir chevalier est tellement fort. Et il s'entraîne depuis si longtemps... Mais il garde aussi en tête le désespoir des pauvres paysans.

Alors il touche sa blessure à la tête et fait semblant d'avoir un trou de mémoire :

– Je… je ne me rappelle pas bien où se trouve la caverne dans laquelle ils se cachent.

Sire Hugues se réjouit :

– Ha, ha, ha, je les tiens ! Une caverne, il n'y en a pas tant par ici. La plus grande se trouve à deux lieues vers le nord. Bravo, Guillaume. Continue à bien me servir et tu deviendras chevalier.

Guillaume s'en veut d'avoir été si maladroit.

Chapitre 3

La jeune fille et les loups

Sire Hugues conseille à Guillaume de se coucher tôt. Il ajoute :

– Demain, dès l'aube, nous irons tendre un piège aux paysans. Tu porteras mon écu* et tu chevaucheras à mes côtés.

** L'écu est le bouclier d'un chevalier.*

Pour un écuyer, c'est un immense honneur. Mais, pour Guillaume, c'est une terrible épreuve : comment pourra-t-il soutenir le regard de Marguerite et des paysans qui l'ont secouru ?

Plein d'inquiétude, Guillaume rejoint sa chambre.

Lorsqu'il s'endort enfin, il fait un terrible cauchemar. Il rêve de Marguerite. Elle lui sourit. Mais soudain l'effroi tord son visage. Guillaume s'est transformé en loup. D'autres loups le rejoignent. Ils encerclent la jeune fille et la menacent de leurs crocs pointus. Terrifiée, Marguerite se met à crier.

Guillaume se réveille en sursaut et balbutie :

– Je… je ne veux pas que l'on fasse du mal aux paysans. Ils m'ont sauvé la vie.

Il ne peut pas les prévenir, car il se sent bien incapable, en pleine nuit, de retrouver le chemin qui mène à leur cachette. C'est alors qu'il lui vient une idée… Discrètement, il quitte sa chambre et se faufile comme une ombre vers le jardin.

Le jeune écuyer est de retour au château au moment où le ciel commence à blanchir.

Il est le premier à entrer dans la vaste salle commune où sont servis les repas. Sire Hugues et ses soldats le rejoignent et tous partagent de larges tranches de pain trempées dans un potage.

Le repas terminé, Guillaume aide sire Hugues à enfiler son armure et à monter à cheval.

Chapitre 4

Le piège

À la tête d'une troupe de vingt soldats, sire Hugues part en direction du nord, vers la caverne où se cachent les pauvres paysans.

Guillaume est à ses côtés. Du coin de l'œil, il observe le chevalier. Le regard de sire Hugues brille comme celui d'un loup qui chasse. C'est un regard glaçant.

Soudain, un grand bruit retentit : Patatras ! Un des soldats vient de tomber de son cheval.

Sire Hugues demande :

– Que se passe-t-il ?

Mais voilà qu'un deuxième soldat chancèle et tombe.

Sire Hugues s'exclame :

– Mais quelle est cette sorcellerie ?

Inquiet, il ordonne :

– Allons, reprenons la route ! Je ne veux pas que les paysans rebelles m'échappent.

Et la troupe le suit au galop dans un nuage de poussière. Mais les soldats, les uns après les autres, tombent de cheval comme des mouches. Il en tombe tellement que, lorsqu'ils arrivent à la caverne, ils ne sont plus que six !

Les paysans sont pris au piège. Face aux soldats lourdement armés, ils n'ont rien pour se défendre. Marguerite reconnaît Guillaume. Le regard d'incompréhension qu'elle lui lance fend le cœur du garçon.

Un soldat s'approche du père de la jeune fille et le force à s'agenouiller. Marguerite prend peur. Elle se précipite en criant :

– Laissez-le !

Le soldat la saisit brutalement par le bras et lève la main pour la gifler. Mais soudain il se fige. Et, comme si on lui avait jeté un sort, il chancèle et s'écroule aux pieds de la jeune fille.

Au même instant, un autre soldat se met à hurler de frayeur :

– HAAAA ! Un monstre ! C'est un monstre horrible !

Il semble terrifié par ce qui n'est qu'une branche morte ! Et il s'enfuit à toutes jambes.

Chapitre 5

Le loup sort ses griffes

Il ne reste plus aucun soldat debout. Les derniers se sont écroulés sur le sol ou enfuis en criant de terreur ! Sire Hugues n'en croit pas ses yeux. Le voilà seul avec son écuyer.

Furieux, il tire son épée et s'avance vers Marguerite, l'air menaçant :

– On va voir si tu résistes au fer de mon épée, petite sorcière.

Et il lève son arme en direction de la jeune fille.

Alors, Guillaume saisit l'écu du chevalier et s'interpose. L'épée frappe et fend l'écu en deux. Le choc projette Guillaume par terre.

Sire Hugues brandit à nouveau sa lourde épée en grognant :

– Elle t'a ensorcelé toi aussi ! Je vais la... la ...

Mais il n'arrive pas à terminer sa phrase. Il se sent soudain très fatigué et il s'effondre à son tour. Bientôt, on entend retentir de bruyants ronflements !

Les paysans sont stupéfaits. Ils se tournent vers Guillaume. Le jeune écuyer leur raconte :

– J'ai retenu ce que Marguerite m'a expliqué. Certaines plantes font dormir et d'autres provoquent d'horribles visions. Cette nuit, je suis allé cueillir de la belladone et de la datura dans le jardin du château. Et j'en ai mis de bonnes doses dans leur potage !

– Ha, ha, ha ! Bien joué Guillaume ! s'esclaffe le père de Marguerite.

Puis il prend un air embarrassé et demande :

– Qu'allons-nous faire maintenant ? Ils vont bien finir par se réveiller. Nous ne sommes plus à l'abri ici.

– J'ai une idée ! s'exclame Guillaume.

Et il leur explique son plan…

Une heure plus tard, le garde du château de Montclare s'écrie :

– Sire Hugues est de retour. Il a capturé les paysans. Ouvrez le pont-levis !

La troupe entre dans la cour. Mais, lorsque le seigneur de Montclare retire son casque, c'est le visage du père de Marguerite qui apparaît. Les quelques soldats qui étaient restés au château comprennent qu'ils se sont fait avoir et se rendent.

À présent, plus rien n'empêche les paysans de franchir le pont et de traverser le fleuve. Ils sont tous soulagés de quitter le domaine de Montclare. Le père de Marguerite sourit :

– Nous allons pouvoir commencer une nouvelle vie.

Marguerite soupire :

– Pourvu que nous trouvions un seigneur bienveillant qui nous offrira sa protection.

– Suivez-moi ! s'exclame Guillaume.

Ainsi, le jeune écuyer conduisit les paysans jusqu'au domaine familial. Après avoir écouté son récit, son père le félicita :

– Bravo, mon fils, tu es resté fidèle au code d'honneur des chevaliers. Je suis fier de toi.

Et il accueillit sous sa protection Marguerite, son père, et tous les paysans qui avaient suivi Guillaume.

La vie des paysans

Au Moyen Âge neuf Européens sur dix sont des paysans.

Ils existe deux sortes de paysans : les serfs et les vilains.

Les **serfs** appartiennent à un seigneur et travaillent sur ses terres.

Les **vilains** sont des paysans libres, qui paient des impôts au seigneur. Et quelques jours par an, ils travaillent gratuitement pour lui. On appelle ce travail une **corvée**.

La **maison** des paysans n'a qu'une seule pièce, chauffée par une cheminée. Le sol n'est que de la terre battue. Souvent, du bétail vit dans la maison, séparé de la famille par une mince cloison en bois. Parents et enfants dorment ensemble sur des matelas remplis de paille.

Tout le monde travaille aux **champs**.
En plus, les femmes s'occupent de la basse-cour et elles préparent les repas.

Les paysans vendent leurs légumes et leurs poules au **marché** du village. Des marchands ambulants, les **colporteurs**, viennent aussi vendre des objets et des tissus, et donner des nouvelles de ce qui se passe dans le pays.

Les paysans se retrouvent tous les dimanches à la messe du village. Les cloches de **l'église** servent aussi à dire l'heure et à sonner l'alarme en cas de guerre ou de danger.

La vie au château

Au château, la famille du seigneur vit plus confortablement.

Les fenêtres n'ont pas de vitres, mais en hiver on les ferme avec de volets intérieurs en bois. Les armoires n'existent pas encore, on range les habits dans des coffres décorés. Les murs sont couverts de tentures qui aident à garder un peu la chaleur du feu de bois.

Le seigneur organise des **fêtes** dans la grande salle de son château. Les soirées sont animées par des jongleurs, des acrobates, des montreurs d'ours, et des troubadours qui chantent des chansons : elles racontent des aventures de chevaliers et des histoires d'amour.

Le seigneur organise des **tournois** :
ce sont des faux combats où les chevaliers montrent leur courage. Mais souvent ils se blessent !

La joute équestre :
deux chevaliers essayent de se faire tomber de cheval avec des lances en bois.

La quintaine : un chevalier doit faire tourner le mât en évitant de se faire heurter par le bras.

La **mêlée** : deux groupes de chevaliers font une grande bagarre générale.

Dans la même collection

La véritable histoire de Guillaume, qui voulait être chevalier
a été écrite par Jean-Pierre Courivaud et illustrée par Régis Faller.

Texte des pages documentaires : Bertrand Fichou.
Illustrations : Rémi Saillard.

L'éditeur remercie les rédactions de *Youpi* et de *Mes premiers J'aime lire*
(Bayard Jeunesse) pour leurs précieux conseils.

18 rue Barbès, 92120 Montrouge
ISBN : 978 2 7470 9699 7
Dépôt légal : septembre 2018
6e tirage : novembre 2022

Loi n° 49-956 du 16 juillet 1949 sur les publications destinées à la jeunesse.
Imprimé en France par Pollina s.a., 85400 Luçon - 44953.